Kay-Henner Menge

Kleine Tafeln Schokolade

südwest

Inhalt

Fünf Täfelchen fürs Schokoladenglück

Dass Schokolade tatsächlich glücklich macht, finden Sie mit den Rezepten in diesem Buch auf dem Weg zum Schokoladenglück heraus. Um zu Hause Ihre eigenen Täfelchen zu gießen, brauchen Sie neben ein wenig Zeit und Geduld nur noch Kuvertüre, ein Thermometer und die beiliegende Tafelform.

Nehmen Sie für Ihre Schokoladentafeln hochwertige Kuvertüre, die Sie im Supermarkt oder im Naturkostladen, aber auch beim Konditor oder im Feinkostgeschäft bekommen: Sie lässt sich gut schmelzen, ist zart und cremig und hat ein besonders feines Aroma.

Schokoladenkuvertüre

Kuvertüre (von frz. couvrir, »etwas abdecken«) ist eine Schokoladenmasse, die meist als Überzug für Pralinen oder Gebäck verwendet wird. Sie unterscheidet sich von Tafelschokolade durch ihren höheren Kakaobuttergehalt. Schokolade enthält durchschnittlich 18 %, Kuvertüre mindestens 31 % Kakaobutter. Bei Raumtemperatur ist Kakaobutter fest, im erwärmten Zustand sorgt sie dafür, dass geschmolzene Kuvertüre flüssig ist und sich einfach verteilen lässt. Dunkle Bitterkuvertüre gibt es als »halbbitter« und »zartbitter« mit etwa 50 % sowie »edelbitter« mit 60 % Kakao. Der Einfachheit halber wird in diesem Buch für alle drei Sorten der Begriff »Bitterkuvertüre« verwendet. Die hellere Vollmilchkuvertüre hat 36 % Kakao und enthält zusätzlich Milchpulver. Weiße Kuvertüre enthält keinen Kakao, sie verdankt ihr Aroma der Kakaobutter.

Thermometer

Die besten Schokoladentafelergebnisse werden erreicht, wenn die Temperaturen bei der Verarbeitung exakt eingehalten werden. Im Handel gibt es verschiedene Küchenthermometer:

Preiswert sind einfache Teewasserthermometer, etwas teurer sind digitale Küchenthermometer. Diese sind präzise und zeigen Temperaturen auch in Zehntelgraden an.

Praktisch: Kuvertürepastillen ersparen das Zerkleinern und garantieren ein gleichmäßiges Schmelzen.

Schokoladentafelform

Die Form besteht aus lebensmittelechtem Kunststoff (PET). Vor dem ersten Gebrauch sollte sie mit warmem Wasser, einem weichen Spültuch und ohne Spülmittel gespült und dann sorgfältig abgetrocknet werden. Die Form muss immer vollkommen trocken sein, bevor Kuvertüre eingegossen wird. Jeder Wassertropfen führt zu Löchern in der Oberfläche der Schokolade und zu unschönen Verfärbungen. Nach Entnahme der Schokoladentafeln empfiehlt es sich, zunächst eventuell vorhandene Schokoladenreste mit Küchenkrepp zu entfernen. Normalerweise braucht die Form nicht wieder gespült zu werden.

Schokoladentafeln selbst gemacht

Vorweg ein wenig Theorie

Um Kuvertüre verarbeiten zu können, muss diese zunächst geschmolzen werden. Anschließend wird sie wieder abgekühlt und kurz erneut erwärmt. Diesen Vorgang nennt man Temperieren oder Vorkristallisieren, da sich hierbei

Idealerweise sind die Stückchen gleich groß, so kann die Kuvertüre gleichmäßig schmelzen.

Kakaobutterkristalle bilden. Das Temperieren ist der heikelste Prozess der Schokoladenherstellung, denn Kuvertüre ist sehr temperaturempfindlich.

Kakaobutter kann sechs verschiedene Kristallformen bilden, aber leider ist nur eine Form die richtige für Schokolade. Beim Temperieren soll genau diese Kristallform herausgebildet werden. Denn die Schokolade soll fest werden, aber so weich sein, dass sie noch zerbrochen werden kann. Zudem muss der Schmelzpunkt unter der Körpertemperatur und über der Raumtemperatur liegen, damit die Schokolade im Mund schmelzen kann, vorher aber fest ist. Außerdem sollen die Kristalle sehr klein sein, damit die Schokoladenoberfläche matt glänzend ist.

Während des Schmelzens muss die Temperatur (40–45 °C) in der Kuvertüremasse so lange beibehalten werden, bis sich alle Kristalle aufgelöst haben. Um die erwünschten Kristalle zu erhalten, muss die Kuvertüre unter Rühren nun abkühlen. Dadurch bilden sich viele kleine Kristalle in hauptsächlich zwei Strukturformen: Die Kuvertüre wird dickflüssiger. Kurz bevor die Kuvertüre fest wird, muss sie erneut leicht erwärmt werden. Dabei schmilzt die eine Form der mitgebildeten Kakaobutterkristalle wieder, und es bleibt nur die erwünschte Kristallform zurück. Weil gleichzeitig weniger Kristalle vorhanden sind, ist die Kuvertüre flüssiger und kann in die Tafelform gegossen werden.

Kuvertüre temperieren

Bei der Verarbeitung von Kuvertüre sollte die Raumtemperatur etwa 20 °C betragen.

Für die Herstellung von Schokoladentafeln im Haushalt hat sich die **Wasserbadmethode** als besonders praktisch erwiesen: Die gehackte Kuvertüre wird zunächst über einem warmen Wasserbad geschmolzen, dann in einem kälteren abgekühlt und abschließend wieder über einem warmen Wasserbad auf Verarbeitungstemperatur kurz erwärmt.

Hinweis Mikrowelle oder Backofen sind zum Schmelzen von Kuvertüre ungeeignet, da die Temperatur hier nicht ausreichend kontrolliert werden kann. Kuvertüre reagiert empfindlich schnell auf zu hohe Temperaturen (siehe Kasten Seite 9).

Schritt für Schritt zum selbst gemachten Schokoladentäfelchen

1. Schritt: Kuvertüre zerkleinern

Damit der Schmelzprozess der Kuvertüre schneller abläuft, muss sie fein gehackt werden. Verwenden Sie dafür kein Brett auf dem zuletzt etwas stark Riechendes (z. B. Zwiebeln oder Knoblauch) bearbeitet wurde; Schokolade nimmt schnell Fremdgerüche auf!

2. Schritt: Kuvertüre schmelzen

Um die Kuvertüre vor direkter Hitzeeinwirkung zu schützen, wird sie über einem Wasserbad geschmolzen. Am besten eignet sich ein Schlagkessel mit Standring. Der Wasserbadtopf muss entsprechend groß gewählt werden, sodass es zu keinem Kontakt mit dem Wasser kommt und kein Dampf an die Kuvertüre gelangt. Das Wasser wird aufgekocht und kaltes Wasser zugegeben, bis es eine Temperatur von etwa 55 °C hat. Um diese Temperatur zu halten, wird der Topf auf eine Warmhalteplatte gestellt.

Tipp Wenn Sie keine Warmhalteplatte haben, können Sie den Topf bei kleinster Hitze auf dem Herd lassen, dabei aber aufpassen, dass das Wasser wirklich nicht heißer wird.

Nun wird die Kuvertüre in einer Schüssel über dem Wasserbad geschmolzen. Dabei gelegentlich rühren, am besten mit einem Silikonschaber, und in Abständen die Temperatur kontrollieren (siehe Tabelle Seite 9).

Die Schüssel vom Wasserbad nehmen, wenn die Endtemperatur erreicht ist, und noch 1–2 Minuten weiterrühren.

Da Metall ein guter Wärmeleiter ist, muss die Kuvertüre während des Schmelzens vom Schüsselrand zur Mitte sanft verrührt werden.

Kuvertüre vor der Temperaturkontrolle immer gut durchrühren und in der Mitte der flüssigen Kuvertüre messen. Thermometer danach sofort abwischen, damit anhaftende Kuvertüre die nächste Messung nicht verfälscht.

3. Schritt: Kuvertüre abkühlen
Dann wird die Schüssel in ein zweites Wasserbad mit einer Temperatur von maximal 25 °C gegeben. Hier darf die Schüssel Kontakt mit dem Wasser haben, das beschleunigt den Abkühlvorgang. Die Kuvertüre wird nun unter Rühren abgekühlt und die Temperatur dabei wieder kontrolliert (siehe Tabelle rechts). Auch hier hat es sich bewährt, die erreichte Temperatur außerhalb des Wasserbads 1–2 Minuten unter geduldigem Rühren zu halten.

4. Schritt: Kuvertüre erwärmen
Ist die Kuvertüre genügend abgekühlt, muss sie über einem dritten Wasserbad wieder erwärmt werden, dessen Temperatur maximal 35 °C beträgt. Achtung: Bei diesem Arbeitsschritt sind die Temperaturspannen sehr klein, und das Erwärmen kann schnell gehen. Hat die Kuvertüre unter beständigem Rühren ihre Verarbeitungstemperatur (siehe Tabelle) erreicht, ist sie bereit zur Verarbeitung und muss auf dieser Temperatur gehalten werden.

5. Schritt: Schokoladentafeln gießen
Bevor die Kuvertüre nun in die Form gegossen werden kann, wird sie ein letztes Mal 1–2 Minuten sanft weitergerührt und dabei mit den übrigen Zutaten gemischt. Dabei die Schüssel bereits in Gießrichtung kippen. Zuletzt die Kuvertüre in die Form gießen. Durch vorsichtiges Rütteln darin verteilen und die gefüllte Form zum Entfernen von Luftbläschen mehrmals auf die Arbeitsfläche klopfen.

Tipp Wischen Sie die Schüssel ab, sobald Sie diese vom Wasserbad nehmen, damit beim Ausgießen kein Wasser in die Kuvertüremasse tropfen kann.

Tipp Die Tafelform darf vor Gebrauch weder feucht noch gekühlt sein. Die Kuvertüreschüssel beim Ausgießen nicht penibel auskratzen, denn die verbliebene Kuvertüre kann bereits kälter als die Verarbeitungstemperatur sein.

6. Schritt: Tafeln abkühlen lassen und aus der Form lösen
Zum Abkühlen die Form auf einem Holz- oder Kunststoffbrett für fünf Minuten in die Mitte des Kühlschranks stellen. Die Tafelform herausnehmen, sobald die Oberfläche der Tafeln fest zu werden beginnt. Schokoladentafeln nun etwa zwei Stunden bei Raumtemperatur fest werden lassen. Zum Herauslösen die Form mit einem Küchentuch abgedeckt vorsichtig umdrehen. Wenn alle Vorgaben eingehalten wurden, liegen fünf matt glänzende Täfelchen vor Ihnen.

Die Form nicht in den unteren Bereich des Kühlschranks, nicht in die Nähe der Rückwand und nie direkt auf kalte Glasplatten stellen, hier ist es jeweils zu kalt!

Temperaturen zur Verarbeitung von Kuvertüre

	Schmelzen	Abkühlen	Erneutes Erwärmen und Verarbeiten
Bitterkuvertüre	40–45 °C	28–30 °C	31–32 °C
Vollmilchkuvertüre	40–45 °C	27–28 °C	29–30 °C
Weiße Kuvertüre	40–45 °C	26–27 °C	28–29 °C

Bei Kuvertüremischungen wird immer auf die jeweils niedrigere Temperaturspanne abgekühlt und erwärmt. (Beispiel: Mischung aus 200 g Bitterkuvertüre und 100 g Vollmilchkuvertüre: Abkühlen auf 27–28 °C, Erwärmen auf 29–30 °C.)

Temperieren – mögliche Fehler

Ohne Temperieren oder wenn man Kuvertüre falsch temperiert, entstehen nicht erwünschte Kristallformen der Kakaobutter: Ist die Schokolade graufleckig, glanzlos oder krümelig im Bruch, wurde zu warm temperiert. Graue Streifen weisen auf zu kaltes Temperieren und/oder auf zu weniges Rühren beim Abkühlen hin.

Hinweis Temperierfehler sind auf dunkler Schokolade deutlicher zu sehen als auf heller. Darum empfiehlt es sich, erste Erfahrungen mit einem Rezept mit weißer oder Vollmilchkuvertüre zu sammeln.

ALLES
GUTE
für Marky

Schokolade verzieren & verschenken

Süsse Botschaft

Beschreiben Sie die Rückseite der Schokoladentafeln oder tragen Sie auf der Gitterseite Buchstaben wie bei einem Kreuzworträtsel ein. Für die Verzierung je nach Farbe der Schokoladentafel 100 Gramm helle oder dunkle Kuvertüre fein hacken. Die Hälfte davon wie auf Seite 7 beschrieben schmelzen. Vom Wasserbad nehmen, restliche Kuvertüre unter Rühren darin auflösen. Anschließend Kuvertüre in einen Einwegspritzbeutel füllen, Spitze fein abschneiden und die Tafeln nach Wunsch beschriften (Bild links oben).

Geschenk mit Kerze

Bereiten Sie die Orangenschokolade von Seite 38 nach Rezept zu. Garnieren Sie nach dem Eingießen in die Tafelform die temperierte Kuvertüre mit Zuckerkerzenhaltern und bunten Zuckerperlen oder Zuckerstreuseln. Zum Verschenken eine Kerze in den Halter stecken und nach Wunsch vor dem Überreichen anzünden (Bild links unten).

Edel verpackt

Einen Zellophanstandbeutel mit Rezeptzutaten (z. B. Rosenknospen oder -blätter) füllen. Die Tafel(n) hineingeben und mit einer Schleife zubinden (Bild rechts oben).

Tipp Hübsch sieht es aus, wenn Sie die Tafeln vorher zur Hälfte in eine kleine Tortenspitze (gut sortierter Supermarkt) wickeln.

Schokoblumen aus Kuvertüreresten

Kuvertüre wie beschrieben hacken und temperieren (siehe Seite 7f.). In einen Einwegspritzbeutel füllen und die Spitze fein abschneiden. Auf Backpapier zunächst die Konturen von Blumen mit 5–6 Blütenblättern zeichnen. Je einen Holzspieß so darin platzieren, dass das Spießende in der Mitte einer Blüte liegt. Nun die Konturen mit Kuvertüre ausfüllen. Die Blütenmitte jeweils mit einer gelben Schokolinse verzieren. Kuvertüre fest werden lassen (Bild rechts unten).

Moderne Klassiker

Klassische Kompositionen bereiten genussvolle Erlebnisse mit knackigen Nüssen und aromatischen Rosinen. Eine moderne Interpretation des Schokothemas finden Sie in der Kreation von Cranberrys und Cashewkernen. Knusprige Kaffeeschokolade mit Kakaobohnen verführt und belebt Schokoladenliebhaber. Und die Aromensinfonie der Amarettini-Kirsch-Schokolade bietet vollendeten Genuss bis zum letzten Stück.

Amarettini-Kirsch-Schokolade

Für 5 kleine Schokoladentafeln

40 g getrocknete Sauerkirschen

40 g Amarettini (kleine italienische Mandelmakronen)

250 g Vollmilchkuvertüre

Zubereitungszeit: ca. 50 Minuten (plus Zeit zum Festwerden der Schokolade)

Zubereitung

✸ Kirschen mit einem schweren Messer fein hacken. Mit den Händen auflockern, sodass sich die Stückchen voneinander trennen. Amarettini in einem kleinen Gefrierbeutel mit einem Nudelholz grob zerstoßen. Amarettini in ein grobes Sieb geben und feine Bestandteile damit abtrennen. Die feinen Teile mit den Kirschen mischen.

✸ Kuvertüre mit einem schweren Messer fein hacken. Kuvertüre in einer Metallschüssel über einem warmen Wasserbad schmelzen und anschließend temperieren (siehe Seite 7f.).

✸ Kirsch-Amarettini-Mischung unter die Kuvertüre rühren und in die vorbereitete Tafelform gießen. Kuvertüre durch vorsichtiges Rütteln der Form gleichmäßig darin verteilen. Form mehrmals vorsichtig auf die Arbeitsfläche klopfen, damit Luftblasen entweichen. Restliche Amarettinistücke auf die Kuvertüre streuen.

✸ Kuvertüre in der Form abkühlen und fest werden lassen. Schokoladentafeln aus der Form lösen.

Variante *Sie können die gehackten Kirschen vor der Verwendung mit 2 Esslöffeln Kirschwasser mischen und 2 Stunden marinieren.*

Diese Schokolade finden Sie auf Seite 12 abgebildet.

Weiße Knusperschokolade

Für 5 kleine Schokoladentafeln

25 g Cornflakes

250 g weiße Kuvertüre

Zubereitungszeit:
ca. 40 Minuten
(plus Zeit zum Festwerden der Schokolade)

Zubereitung

✱ 15 Gramm Cornflakes in einen Gefrierbeutel geben und mit einem Nudelholz fein zerkleinern, jedoch nicht pulverisieren. Beiseitestellen. 10 Gramm Cornflakes im Beutel grob zerkleinern, feine Bestandteile mit einem groben Sieb abtrennen und zu den fein zerkleinerten Cornflakes geben.

✱ Kuvertüre mit einem schweren Messer fein hacken. Kuvertüre in einer Metallschüssel über einem warmen Wasserbad schmelzen und anschließend temperieren (siehe Seite 7f.).

✱ Fein zerkleinerte Cornflakes unter die temperierte Kuvertüre rühren und in die vorbereitete Tafelform gießen. Kuvertüre durch vorsichtiges Rütteln der Form gleichmäßig darin verteilen. Form mehrmals vorsichtig auf die Arbeitsfläche klopfen, damit Luftblasen entweichen. Grob zerkleinerte Cornflakes auf die Kuvertüre streuen.

✱ Kuvertüre in der Form abkühlen und fest werden lassen. Schokoladentafeln aus der Form lösen.

Tipp *Die Cornflakes können Sie durch Rice-Krispies ersetzen. Dann 15 Gramm zerkleinerte Rice-Krispies unter die Kuvertüre rühren, restliche ganz lassen und darauf streuen.*

Diese Schokolade finden Sie auf Seite 12 abgebildet.

Nussschokolade mit Rosinen

Für 5 kleine Schokoladentafeln

50 g Haselnusskerne

40 g Rosinen

150 g Bitterkuvertüre

100 g Vollmilchkuvertüre

Zubereitungszeit: ca. 1 Stunde (plus Zeit zum Festwerden der Schokolade)

Zubereitung

✸ Haselnüsse auf einem Blech im heißen Ofen bei 180 °C (Umluft 160 °C, Gas Stufe 2–3) 10–12 Minuten rösten, bis die Schalen aufplatzen. Nüsse auf ein Küchentuch geben und die Schalen damit abreiben. Nüsse vierteln.

✸ Rosinen mit einem schweren Messer fein hacken. Mit den Händen auflockern, sodass sich die Stückchen voneinander trennen.

✸ Beide Kuvertüren mit einem schweren Messer fein hacken. Kuvertüre in einer Metallschüssel über einem warmen Wasserbad schmelzen und anschließend temperieren (siehe Seite 7f.).

✸ Erst die Rosinen, dann die Hälfte der Nüsse unter die Kuvertüre rühren und in die vorbereitete Tafelform gießen. Kuvertüre durch vorsichtiges Rütteln der Form gleichmäßig darin verteilen. Form mehrmals vorsichtig auf die Arbeitsfläche klopfen, damit Luftblasen entweichen. Restliche Nüsse auf die Kuvertüre streuen.

✸ Kuvertüre in der Form abkühlen und fest werden lassen. Schokoladentafeln aus der Form lösen.

Variante *Sie können die gehackten Rosinen vor der Verwendung mit 2 Esslöffeln braunem Rum oder Grappa mischen und 2 Stunden marinieren.*

Hell-Dunkel-Schokolade mit Keksen

Für 5 kleine Schokoladentafeln

125 g Vollmilchkuvertüre

25 Minibutterkekse (ca. 40 g)

125 g Bitterkuvertüre

Zubereitungszeit:
ca. 1 Stunde
(plus Zeit zum Festwerden der Schokolade)

Zubereitung

✱ Vollmilchkuvertüre mit einem schweren Messer fein hacken. Kuvertüre in einer Metallschüssel über einem warmen Wasserbad schmelzen und anschließend temperieren (siehe Seite 7f.).

✱ Kuvertüre in die vorbereitete Tafelform gießen und durch vorsichtiges Rütteln der Form gleichmäßig darin verteilen. Form mehrmals vorsichtig auf die Arbeitsfläche klopfen, damit Luftblasen entweichen. Je fünf Butterkekse auf die Kuvertüre in den einzelnen Formen legen und leicht andrücken. Kuvertüre im Kühlschrank kurz erstarren lassen, dann bei Raumtemperatur beiseitestellen.

✱ Inzwischen die Bitterkuvertüre fein hacken, schmelzen und anschließend temperieren (siehe Seite 7f.). Kuvertüre in die Tafelform gießen und zügig mit einem kleinen Teigschaber darin verstreichen. Form mehrmals vorsichtig auf die Arbeitsfläche klopfen, damit Luftblasen entweichen.

✱ Kuvertüre in der Form abkühlen und fest werden lassen. Schokoladentafeln aus der Form lösen.

Tipp *Einfacher und etwas schneller geht's, wenn Sie sich bei dieser Schokolade für nur eine Kuvertüresorte entscheiden.*

Variante *In der Adventszeit können Sie die Kuvertüre zusätzlich mit 1/2 Teelöffel Spekulatiusgewürz aromatisieren und die Butterkekse durch Minispekulatius ersetzen.*

Kaffeeschokolade mit Kakaobohnen

Für 5 kleine Schokoladentafeln

200 g Vollmilchkuvertüre

50 g Bitterkuvertüre

1 gehäufter TL Instant-espressopulver

25 g Kakaobohnenstücke (z. B. »Nibs« von Zotter)

Zubereitungszeit: ca. 45 Minuten (plus Zeit zum Festwerden der Schokolade)

Zubereitung

✸ Beide Kuvertüren mit einem schweren Messer fein hacken. Kuvertüre in einer Metallschüssel über einem warmen Wasserbad schmelzen und anschließend temperieren (siehe Seite 7f.).

✸ Espressopulver unter die temperierte Kuvertüre rühren und in die vorbereitete Tafelform gießen. Durch vorsichtiges Rütteln der Form gleichmäßig darin verteilen. Form mehrmals vorsichtig auf die Arbeitsfläche klopfen, damit Luftblasen entweichen. Kakaobohnenstücke auf die Kuvertüre streuen.

✸ Kuvertüre in der Form abkühlen und fest werden lassen. Schokoladentafeln aus der Form lösen.

Tipp *Die Kakaobohnenstücke können Sie durch Haselnusskrokant ersetzen und auf die Kuvertüre streuen.*

Cashew-Cranberry-Schokolade

Für 5 kleine Schokoladentafeln

50 g Cashewkerne
40 g Cranberrys
1/2 Vanilleschote
250 g Vollmilchkuvertüre

Zubereitungszeit: ca. 1 Stunde (plus Zeit zum Festwerden der Schokolade)

Zubereitung

✸ Die Hälfte der Cashewkerne längs halbieren, restliche Cashewkerne nicht zu fein hacken. Cashewkernhälften und -bruch nebeneinander auf einem Blech im heißen Ofen bei 180 °C (Umluft 160 °C, Gas Stufe 2–3) 8–10 Minuten goldbraun rösten, das Blech dabei gelegentlich rütteln. Cashewkerne auf zwei Tellern abkühlen lassen.

✸ Cranberrys mit einem schweren Messer nicht zu fein hacken. Mit den Händen auflockern, sodass sich die Stückchen voneinander trennen. Vanilleschote längs halbieren und das Mark mit einem Messer herauskratzen.

✸ Kuvertüre mit einem schweren Messer fein hacken. Kuvertüre in einer Metallschüssel über einem warmen Wasserbad schmelzen und anschließend temperieren (siehe Seite 7f.).

✸ Erst das Vanillemark, dann die gehackten Cashewkerne unter die temperierte Kuvertüre rühren und in die vorbereitete Tafelform gießen. Kuvertüre durch vorsichtiges Rütteln der Form gleichmäßig darin verteilen. Form mehrmals vorsichtig auf die Arbeitsfläche klopfen, damit Luftblasen entweichen. Halbierte Cashewkerne und Cranberrys dekorativ auf die Kuvertüre streuen.

✸ Kuvertüre in der Form abkühlen und fest werden lassen. Schokoladentafeln aus der Form lösen.

Diese Schokolade finden Sie auf dem Cover unten abgebildet.

Mandel-Zimt-Schokolade

Zubereitung

✸ Mandelstifte auf einem Blech im heißen Ofen bei 180 °C (Umluft 160 °C, Gas Stufe 2–3) 8–10 Minuten goldbraun rösten, das Blech dabei gelegentlich rütteln. Mandeln auf einem Teller abkühlen lassen.

✸ Kuvertüre mit einem schweren Messer fein hacken. Kuvertüre in einer Metallschüssel über einem warmen Wasserbad schmelzen und anschließend temperieren (siehe Seite 7f.).

✸ Erst Backöl und Zimt, dann 25 Gramm Mandelstifte unter die temperierte Kuvertüre rühren und in die vorbereitete Tafelform gießen. Kuvertüre durch vorsichtiges Rütteln der Form gleichmäßig darin verteilen. Form mehrmals vorsichtig auf die Arbeitsfläche klopfen, damit Luftblasen entweichen. Restliche Mandelstifte auf die Kuvertüre streuen.

✸ Kuvertüre in der Form abkühlen und fest werden lassen. Schokoladentafeln aus der Form lösen.

Diese Schokolade finden Sie auf dem Cover oben abgebildet.

Für 5 kleine Schokoladentafeln

60 g Mandelstifte

250 g Bitterkuvertüre

4 Tropfen Backöl Bittermandel

1 TL gemahlener Zimt

Zubereitungszeit:
ca. 50 Minuten
(plus Zeit zum Festwerden der Schokolade)

Exotische Genussmomente

Genießen Sie zartschmelzende Schokoladentäfelchen mit exotischen Zutaten und träumen Sie sich mit heller oder dunkler Schokolade in die Geschmackswelten fremder Länder. Nicht nur dort wartet ein würzig-scharfes Aromenfeuerwerk mit Ingwer und Koriander darauf, entfacht zu werden. Mit der Tafelkomposition von mediterranen Pinienkernen und asiatischen Gojibeeren lassen sich aufregend-genüssliche Schokofreuden entdecken.

Weiße Exotenschokolade

Für 5 kleine Schokoladentafeln

30 g Macadamianusskerne (geröstet und gesalzen)

20 g Bananenchips

15 g Kokoschips

1/2 Vanilleschote

250 g weiße Kuvertüre

Zubereitungszeit: ca. 50 Minuten (plus Zeit zum Festwerden der Schokolade)

Zubereitung

✸ Macadamianüsse vierteln. Bananenchips in einem kleinen Gefrierbeutel mit einem Nudelholz grob zerkleinern. Macadamianüsse, Bananen- und Kokoschips in einem groben Sieb mischen, feine Bestandteile dabei auffangen. Vanilleschote längs halbieren und das Mark mit einem Messer herauskratzen.

✸ Kuvertüre mit einem schweren Messer fein hacken. Kuvertüre in einer Metallschüssel über einem warmen Wasserbad schmelzen und anschließend temperieren (siehe Seite 7f.).

✸ Erst das Vanillemark, dann die feinen Nuss-Bananen-Kokos-Teile unter die temperierte Kuvertüre rühren und in die vorbereitete Tafelform gießen. Kuvertüre durch vorsichtiges Rütteln der Form gleichmäßig darin verteilen. Form mehrmals vorsichtig auf die Arbeitsfläche klopfen, damit Luftblasen entweichen. Nuss-Bananen-Kokos-Mischung dekorativ auf die Kuvertüre streuen.

✸ Kuvertüre in der Form abkühlen und fest werden lassen. Schokoladentafeln aus der Form lösen.

Diese Schokolade finden Sie auf Seite 24 abgebildet.

Dunkle Exotenschokolade

Zubereitung

✸ Macadamianüsse vierteln. Ananasstücke in kleine Würfel schneiden und mit den Händen auflockern, sodass sich die Stückchen voneinander trennen. Tonkabohne am besten auf einer Muskatreibe fein reiben.

✸ Beide Kuvertüren mit einem schweren Messer fein hacken. Kuvertüre und geriebene Tonkabohne in einer Metallschüssel über einem warmen Wasserbad schmelzen und anschließend temperieren (siehe Seite 7f.).

✸ Temperierte Kuvertüre in die vorbereitete Tafelform gießen und Kuvertüre durch vorsichtiges Rütteln der Form gleichmäßig darin verteilen. Form mehrmals vorsichtig auf die Arbeitsfläche klopfen, damit Luftblasen entweichen. Kuvertüre mit Macadamianüssen und Ananasstücken bestreuen.

✸ Kuvertüre in der Form abkühlen und fest werden lassen. Schokoladentafeln aus der Form lösen.

Tipp *Tonkabohnen sind die harten, gestreckt mandelförmigen Samen des südamerikanischen Tonkabaumes. Das atemberaubende, süßliche Aroma der Bohnen erinnert an Bittermandel, Vanille und Waldmeister. Wie Letzterer enthält auch die Tonkabohne Kumarin, weshalb beide nicht zu häufig genossen werden sollten. Tonkabohnen bekommen Sie im Gewürzhandel.*

Diese Schokolade finden Sie auf Seite 24 abgebildet.

Für 5 kleine Schokoladentafeln

30 g Macadamianusskerne (geröstet und gesalzen)

40 g getrocknete Ananasstücke (gesüßt)

1/2 Tonkabohne (siehe Tipp)

150 g Vollmilchkuvertüre

100 g Bitterkuvertüre

Zubereitungszeit:
ca. 40 Minuten
(plus Zeit zum Festwerden der Schokolade)

Ingwer-Koriander-Schokolade

Für 5 kleine Schokoladentafeln

60 g kandierter Ingwer
1 TL Koriandersaat
150 g Bitterkuvertüre
100 g Vollmilchkuvertüre

Zubereitungszeit:
ca. 45 Minuten
(plus Zeit zum Festwerden der Schokolade)

Zubereitung

✸ Die Hälfte vom Ingwer fein hacken. Die andere Hälfte grob hacken und mit den Händen auflockern, sodass sich die Stückchen voneinander trennen. Koriander im Mörser fein zerstoßen.

✸ Beide Kuvertüren mit einem schweren Messer fein hacken. Kuvertüre in einer Metallschüssel über einem warmen Wasserbad schmelzen und temperieren (siehe Seite 7f.).

✸ Erst den Koriander, dann den fein gehackten Ingwer unter die temperierte Kuvertüre rühren und in die vorbereitete Tafelform gießen. Kuvertüre durch vorsichtiges Rütteln der Form gleichmäßig darin verteilen. Form mehrmals vorsichtig auf die Arbeitsfläche klopfen, damit Luftblasen entweichen. Grob gehackten Ingwer auf die Kuvertüre streuen.

✸ Kuvertüre in der Form abkühlen und fest werden lassen. Schokoladentafeln aus der Form lösen.

Pinienkernschokolade mit Gojibeeren

Für 5 kleine Schokoladentafeln

25 g Pinienkerne

20 g Gojibeeren (siehe Tipp)

250 g Vollmilchkuvertüre

Zubereitungszeit:
ca. 50 Minuten
(plus Zeit zum Festwerden der Schokolade)

Zubereitung

✹ Pinienkerne in einer Pfanne ohne Fett goldbraun rösten, Pfanne dabei gelegentlich rütteln. Pinienkerne auf einem Teller abkühlen lassen. Die Hälfte der Pinienkerne nicht zu fein hacken. Gojibeeren und restliche Pinienkerne mischen.

✹ Kuvertüre mit einem schweren Messer fein hacken. Kuvertüre in einer Metallschüssel über einem warmen Wasserbad schmelzen und anschließend temperieren (siehe Seite 7f.).

✹ Gehackte Pinienkerne unter die temperierte Kuvertüre rühren und in die vorbereitete Tafelform gießen. Kuvertüre durch vorsichtiges Rütteln der Form gleichmäßig darin verteilen. Form mehrmals vorsichtig auf die Arbeitsfläche klopfen, damit Luftblasen entweichen. Pinienkern-Gojibeeren-Mischung auf die Kuvertüre streuen.

✹ Kuvertüre in der Form abkühlen und fest werden lassen. Schokoladentafeln aus der Form lösen.

Tipp *Früchte des Wohlbefindens heißen die Gojibeeren in Asien. Laut der chinesischen Medizin sollen sie die Lebenskraft fördern. Die Beeren sind reich an Vitaminen und Eisen. Gojibeeren bekommen Sie im Reformhaus oder Naturkostladen.*

Weiße Chai-Schokolade mit Goldperlen

Für 5 kleine Schokoladentafeln

3 Aufguss-Teebeutel »Sweet Chai« (à 2,2 g)

250 g weiße Kuvertüre

2 TL goldene Minizuckerperlen (»Nonpareilles«)

Zubereitungszeit: ca. 40 Minuten (plus Zeit zum Festwerden der Schokolade)

Zubereitung

✸ Teebeutel aufschneiden. Gewürzmischung aus zwei Teebeuteln im Mörser fein zerstoßen (nach Belieben). Restliche Chai-Gewürzmischung beiseitestellen.

✸ Kuvertüre mit einem schweren Messer fein hacken. Kuvertüre in einer Metallschüssel über einem warmen Wasserbad schmelzen und anschließend temperieren (siehe Seite 7f.).

✸ Zerkleinerte Chai-Gewürzmischung unter die temperierte Kuvertüre rühren und in die vorbereitete Tafelform gießen. Kuvertüre durch vorsichtiges Rütteln der Form gleichmäßig darin verteilen. Form mehrmals vorsichtig auf die Arbeitsfläche klopfen, damit Luftblasen entweichen. Erst die restliche Chai-Gewürzmischung, dann die Zuckerperlen gleichmäßig auf die Kuvertüre streuen.

✸ Kuvertüre in der Form abkühlen und fest werden lassen. Schokoladentafeln aus der Form lösen.

Tipp *Chai oder Masala-Chai ist eine indische Teegewürzmischung, die heiß aufgebrüht und mit Milch getrunken wird. Die Mischung »Sweet Chai« enthält im Gegensatz zu »Black Chai« keinen Schwarztee.*

Erdnussschokolade »in & out«

Für 5 kleine Schokoladentafeln

100 g Vollmilchkuvertüre

100 g Bitterkuvertüre

50 g feine Erdnusscreme

75 g Erdnusskerne (geröstet und gesalzen)

Zubereitungszeit: ca. 45 Minuten (plus Zeit zum Festwerden der Schokolade)

Zubereitung

✸ Beide Kuvertüren mit einem schweren Messer fein hacken. Kuvertüre in einer Metallschüssel über einem warmen Wasserbad schmelzen. Erdnusscreme unterrühren und anschließend abkühlen (siehe Seite 7f.).

✸ Kuvertüre-Erdnuss-Mischung erneut erwärmen (siehe Seite 8) und in die vorbereitete Tafelform gießen. Durch vorsichtiges Rütteln der Form gleichmäßig darin verteilen. Form mehrmals vorsichtig auf die Arbeitsfläche klopfen, damit Luftblasen entweichen. Erdnüsse auf die Kuvertüre streuen und leicht andrücken.

✸ Kuvertüre in der Form abkühlen und fest werden lassen. Schokoladentafeln aus der Form lösen.

Variante *Für Erdnuss-Bananen-Schokolade mischen Sie 40 Gramm Erdnusskerne und 20 Gramm zerkleinerte Bananenchips (siehe weiße Exotenschokolade, Seite 26) und streuen diese auf die Kuvertüre.*

Diese Schokolade finden Sie auf Seite 2 abgebildet.

Weiße Pistazienschokolade mit Rosenblüten

Zubereitung

✸ Pfefferbeeren mit einem schweren Messer hacken oder im Mörser zerstoßen.

✸ Kuvertüre mit einem schweren Messer fein hacken. Kuvertüre in einer Metallschüssel über einem warmen Wasserbad schmelzen und anschließend temperieren (siehe Seite 7f.).

✸ Pistazien unter die Kuvertüre rühren und in die vorbereitete Tafelform gießen. Kuvertüre durch vorsichtiges Rütteln der Form gleichmäßig darin verteilen. Form mehrmals vorsichtig auf die Arbeitsfläche klopfen, damit Luftblasen entweichen. Erst die Pfefferbeeren, dann die Rosenblütenblätter dekorativ auf die Kuvertüre streuen.

✸ Kuvertüre in der Form abkühlen und fest werden lassen. Schokoladentafeln aus der Form lösen.

Für 5 kleine Schokoladentafeln

1 TL rosa Pfefferbeeren

250 g weiße Kuvertüre

20 g gehackte Pistazienkerne

2 TL getrocknete Rosenblütenblätter (siehe Tipp)

Zubereitungszeit:
ca. 40 Minuten
(plus Zeit zum Festwerden der Schokolade)

Tipp *Die Rosenblütenblätter können Sie im Naturkostladen (z. B. von Sonnentor) oder im Internet (z. B. www.rose-office.com oder www.kraeuterhaus.net) als Rosenknospen kaufen. Die Knospen vorsichtig in Blättchen zupfen. Sie können die Blütenblätter aber auch einfach aus einer Teemischung sortieren.*

Diese Schokolade finden Sie auf Seite 2 und 10 (rechts oben) abgebildet.

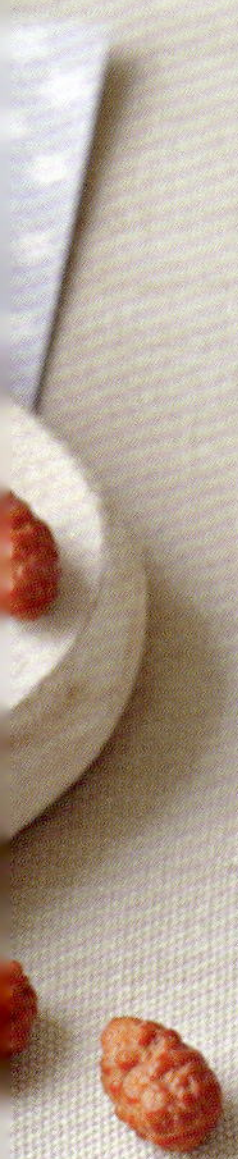

Besondere Tafelfreuden

Über Schokolade mit Brezeln und Gummibärchen freuen sich kleine und große Geburtstagskinder. Weiße Schokolade mit Puffreis bringt Farbe mit Knuspereffekten ins Spiel, und kunterbunte Täfelchen mit Karamell sind gern vernaschte Partygäste fröhlicher Runden. Überraschende Tafelfreuden der besonderen Art bereiten geeiste Schokotäfelchen mit Baiser. Wer kann zu solchen süßen Verführungen schon Nein sagen?

Orangenschokolade mit Brezeln und Gummibärchen

Für 5 kleine Schokoladentafeln

1 Bio-Orange

150 g Vollmilchkuvertüre

100 g Bitterkuvertüre

20 Minibrezeln (z. B. aus Knabbergebäckmischung)

20 Minigummibärchen

Zubereitungszeit: ca. 45 Minuten (plus Zeit zum Festwerden der Schokolade)

Zubereitung

✸ Orange heiß waschen, sorgfältig trocknen und 2 Teelöffel Schale fein abreiben.

✸ Beide Kuvertüren mit einem schweren Messer fein hacken. Kuvertüre in einer Metallschüssel über einem warmen Wasserbad schmelzen und anschließend temperieren (siehe Seite 7f.).

✸ Orangenschale unter die temperierte Kuvertüre rühren. Kuvertüre in die vorbereitete Tafelform gießen und durch vorsichtiges Rütteln der Form gleichmäßig darin verteilen. Form mehrmals vorsichtig auf die Arbeitsfläche klopfen, damit Luftblasen entweichen. Erst die Brezeln auf der Kuvertüre verteilen, dann die Gummibärchen dazwischen setzen.

✸ Kuvertüre in der Form abkühlen und fest werden lassen. Schokoladentafeln aus der Form lösen.

Diese Schokolade finden Sie auf Seite 36 abgebildet.

Weiße Kirschschokolade mit gebrannten Erdnüssen

Für 5 kleine Schokoladentafeln

40 g getrocknete Kirschen

250 g weiße Kuvertüre

50 g gebrannte Erdnüsse

Zubereitungszeit:
ca. 45 Minuten
(plus Zeit zum Festwerden der Schokolade)

Zubereitung

✸ Kirschen mit einem schweren Messer fein hacken. Mit den Händen auflockern, sodass sich die Stückchen voneinander trennen.

✸ Kuvertüre mit einem schweren Messer fein hacken. Kuvertüre in einer Metallschüssel über einem warmen Wasserbad schmelzen und anschließend temperieren (siehe Seite 7f.).

✸ Kirschen unter die temperierte Kuvertüre rühren und in die vorbereitete Tafelform gießen. Kuvertüre durch vorsichtiges Rütteln der Form gleichmäßig darin verteilen. Form mehrmals vorsichtig auf die Arbeitsfläche klopfen, damit Luftblasen entweichen. Erdnüsse auf der Kuvertüre verteilen.

✸ Kuvertüre in der Form abkühlen und fest werden lassen. Schokoladentafeln aus der Form lösen.

Variante *Für eine weihnachtliche Schokolade rühren Sie 1/2 Teelöffel Lebkuchengewürz unter die Kuvertüre und ersetzen die Erdnüsse durch grob gehackte gebrannte Mandeln.*

Diese Schokolade finden Sie auf Seite 36 abgebildet.

Weihnachtsschokolade

Für 5 kleine Schokoladentafeln

- 20 g gehackte Mandeln
- 20 g Sultaninen
- 20 g Zitronat
- 20 g Orangeat
- 250 g Vollmilchkuvertüre

Zubereitungszeit:
ca. 50 Minuten
(plus Zeit zum Festwerden der Schokolade)

Zubereitung

✸ Mandeln in einer Pfanne ohne Fett goldbraun rösten, Pfanne dabei gelegentlich rütteln. Mandeln auf einem Teller abkühlen lassen. Sultaninen mit einem schweren Messer grob hacken. Sultaninen, Zitronat und Orangeat mischen.

✸ Kuvertüre mit einem schweren Messer fein hacken und in einer Metallschüssel über einem warmen Wasserbad schmelzen und anschließend temperieren (siehe Seite 7f.).

✸ Sultaninenmischung unter die temperierte Kuvertüre rühren und in die vorbereitete Tafelform gießen. Kuvertüre durch vorsichtiges Rütteln der Form gleichmäßig darin verteilen. Form mehrmals vorsichtig auf die Arbeitsfläche klopfen, damit Luftblasen entweichen. Mandeln dekorativ auf die Kuvertüre streuen.

✸ Kuvertüre in der Form abkühlen und fest werden lassen. Schokoladentafeln aus der Form lösen.

Tipp *Bei den würzenden Zutaten handelt es sich um typische Zutaten für einen Weihnachtsstollen. Sie können die Kuvertüre zusätzlich mit 1/2 Teelöffel Stollengewürz aromatisieren.*

Geeiste Schokotafeln mit Baiser

Für 5 kleine Schokoladentafeln

10 g kleine Baisers

100 g Vollmilchkuvertüre

100 g Bitterkuvertüre

6 EL Sonnenblumenöl

Zubereitungszeit:
ca. 50 Minuten
(plus Gefrierzeit)

Zubereitung

✸ Baisers mit einem schweren Messer hacken, jedoch nicht pulverisieren. Baisers in ein grobes Sieb geben und sehr feine Bestandteile damit abtrennen, sie werden nicht gebraucht.

✸ Beide Kuvertüren mit einem schweren Messer fein hacken. Kuvertüre in einer Metallschüssel über einem warmen Wasserbad schmelzen und anschließend abkühlen (siehe Seite 7f.). Dann das Öl sorgfältig unterrühren.

✸ Kuvertüre-Öl-Mischung erneut erwärmen (siehe Seite 8) und in die vorbereitete Tafelform gießen. Kuvertüre durch vorsichtiges Rütteln der Form gleichmäßig darin verteilen. Baiserstücke auf die Kuvertüre streuen.

✸ Die gefüllte Form auf einer ebenen Unterlage (z. B. Schneidebrett) 3 Stunden einfrieren. Schokoladentafeln aus der Form lösen und in einer Kunststoffdose verpackt tiefgekühlt aufbewahren.

Variante *Die Kuvertüre für die geeisten Schokoladentafeln lässt sich mit 3–4 Tropfen naturreinen Aromaölen (z. B. Pfefferminzöl aus der Apotheke) oder mit Backöl wunderbar aromatisieren.*

Kunterbunte Schokolade mit Karamell

Für 5 kleine Schokoladentafeln

1 kleines Päckchen weiche Karamellbonbons (10 Stück, 68 g)

150 g Bitterkuvertüre

100 g Vollmilchkuvertüre

60 g kleine bunte Schokolinsen

Zubereitungszeit: ca. 50 Minuten (plus Zeit zum Festwerden der Schokolade)

Zubereitung

✸ Karamellbonbons mit einem schweren Messer fein hacken. Mit den Händen auflockern, sodass sich die Stückchen voneinander trennen.

✸ Beide Kuvertüren mit einem schweren Messer fein hacken. Kuvertüre in einer Metallschüssel über einem warmen Wasserbad schmelzen und anschließend temperieren (siehe Seite 7f.).

✸ Karamellbonbons unter die temperierte Kuvertüre rühren und in die vorbereitete Tafelform gießen. Kuvertüre durch vorsichtiges Rütteln der Form gleichmäßig darin verteilen. Form mehrmals vorsichtig auf die Arbeitsfläche klopfen, damit Luftblasen entweichen. Schokolinsen auf die Kuvertüre streuen.

✸ Kuvertüre in der Form abkühlen und fest werden lassen. Schokoladentafeln aus der Form lösen.

Tipp *Kinder mögen es gern weniger bitter: Verwenden Sie in diesem Fall 200 Gramm Vollmilchkuvertüre und nur 50 Gramm Bitterkuvertüre.*

Zitronenschokolade mit Puffreis

Für 5 kleine Schokoladentafeln

30 g bunter Puffreis

250 g weiße Kuvertüre

5 Tropfen Backöl Zitrone

Zubereitungszeit: ca. 40 Minuten (plus Zeit zum Festwerden der Schokolade)

Zubereitung

✸ Die Hälfte vom Puffreis in einen kleinen Gefrierbeutel geben und mit einem Nudelholz zerkleinern, aber nicht pulverisieren.

✸ Kuvertüre mit einem schweren Messer fein hacken. Kuvertüre in einer Metallschüssel über einem warmen Wasserbad schmelzen und anschließend temperieren (siehe Seite 7f.).

✸ Erst das Backöl, dann den zerkleinerten Puffreis unter die temperierte Kuvertüre rühren und in die vorbereitete Tafelform gießen. Kuvertüre durch vorsichtiges Rütteln der Form gleichmäßig darin verteilen. Form mehrmals vorsichtig auf die Arbeitsfläche klopfen, damit Luftblasen entweichen. Restlichen Puffreis auf die Kuvertüre streuen.

✸ Kuvertüre in der Form abkühlen und fest werden lassen. Schokoladentafeln aus der Form lösen.

Tipp *Das Zitronenbacköl können Sie durch 2 Teelöffel fein abgeriebene Bio-Zitronenschale ersetzen.*

Diese Schokolade finden Sie auf dem Cover (Mitte) abgebildet.

Rezeptregister

Bezugsquellen

www.hobbybaeckerversand.de
(u. a. Kuvertüre)
www.pati-versand.de
(u. a. Kuvertüre)
www.theobroma-cacao.de
(u. a. Kuvertüre)
www.tortissimo.de
(u. a. Kuvertüre)
www.kumst-shop.de
(u. a. Trockenfrüchte, Gewürze)
www.der-ideen-shop.de
(u. a. Zuckerkerzenhalter)

Über dieses Buch

Redaktionsleitung
Susanne Kirstein

Projektleitung
Eva Wagner

Layout, Producing
Andreas Rimmelspacher

Bildredaktion
Tanja Nerger

Korrektorat
Dr. Ulrike Kretschmer

Umschlag- und Verpackungsgestaltung, Sourcing
Norbert Pautner, Berlin

Litho
Artilitho snc, Lavis (Trento)

Druck und Verarbeitung
Anpak Printing Ltd., Hongkong

Printed in China

MIX
Papier aus verantwortungsvollen Quellen
FSC® C017997
FSC www.fsc.org

Das für diesen Titel verwendete Papier ist FSC®-zertifiziert

ISBN 978-3-517-08739-9
9817 2635 4453 6271

Über den Autor

Kay-Henner Menge ist Diplom-Oecotrophologe und hat sein Hobby Kochen zum Beruf gemacht. Er arbeitet als kochender Redakteur und Foodstylist in der Versuchsküche des Magazins »essen & trinken« aus dem Verlagshaus Gruner + Jahr. Daneben schreibt er Kochbücher zu unterschiedlichen Themen. Eine Möglichkeit zu finden, Kuvertüre unter Haushaltsbedingungen zu temperieren, um daraus kleine Tafeln zu gießen, stellte für den Chocoholic einerseits eine große Herausforderung dar, andererseits spornte ihn dieses zu immer neuen raffinierten Rezeptkreationen an.

Hinweis

Die Ratschläge in diesem Buch sind von Autor und Verlag sorgfältig erwogen und geprüft, dennoch kann eine Garantie nicht übernommen werden. Eine Haftung des Autors bzw. des Verlags und seiner Beauftragten für Personen-, Sach- und Vermögensschäden ist ausgeschlossen.

Impressum

Bildnachweis

Fotografie: Maja Smend
Foodstyling und Styling: Kim Morphew, London